AF454387

LA PAIX,

OU

LE TRIOMPHE

DE LA FRANCE.

IMPRIMERIE DE Mme. V^e. PERRONNEAU.

A PARIS,

Chez les Marchands de Nouveautés.

Juin 1815.

LA PAIX,

OU

LE TRIOMPHE

DE LA FRANCE.

Lorsque la nation anglaise eut chassé les Stuart pour mettre fin aux vengeances qui se seraient éternisées tant que cette dynastie aurait régné, elle voulut se choisir dans une race étrangère un prince qui acceptât avec le sceptre ce pacte social que les puissances coalisées contre nous affectent de méconnaître en France.

Le choix tomba sur Guillaume III, qui se contenta d'une autorité établie sur les droits du peuple. C'est depuis cette époque qu'elle a marché à grands pas vers la monarchie universelle des mers, qui lui assure non-seulement la prépondérance sur le continent de l'Europe, mais lui donne un empire absolu sur toutes les côtes de l'Asie, de l'Afrique, et dans toutes les Amériques, dont elle dispose à son gré des riches productions.

Pour acquérir une puissance aussi colossale, aussi contraire aux intérêts comme à l'honneur de tous les souverains et de tous les peuples européens, le gouvernement anglais n'a épargné aucun moyens de dépenses, aucune ressource politique.

La France, au contraire, après avoir perdu ses possessions dans les deux Indes, renonçant à toute idée de conquêtes, s'est restreinte dans ses anciennes limites; et l'illustre Souverain qu'elle s'est choisi, a offert la paix à l'Europe, pour le bonheur du genre humain. Ce choix est irrévocable. Oui, Napoléon-le-Grand gouvernera en France tant qu'il vivra; et sa dynastie qui n'aura aucun sujet de vengeance à exercer, lui succédera : il gouvernera, parce qu'il veut la gloire, la splendeur, la prospérité et l'indépendance du peuple français; il gouvernera, parce qu'il ne veut régner que par les lois et les constitutions de l'empire; il gouvernera parce que c'est le vœu et la volonté de la nation, et de trois millions de citoyens armés qui ont juré de défendre sa cause qui n'est et ne peut être que celle de la nation.

Mais le gouvernement anglais craignant l'explosion de cette mine que la main du tems prépare lentement, et qui, tôt ou tard, renverse les empires les plus formidables, a pensé que la paix ne convenait pas à son ambition sans bornes, et qu'il était utile à ses intérêts d'entretenir les puissances de l'Europe en état de guerre, afin de les affaiblir et de détourner leur attention du despotisme qu'il exerce sur elles. Il est parvenu à former une coalition formidable contre la France, l'Italie et le royaume de Naples. Il est à remarquer que les puissances du continent n'ont aucun intérêt de faire aujourd'hui la guerre à la France, et que l'Angleterre, trop faible pour oser lutter contre nous, vient de louer les soldats de la Prusse, de l'Autriche et de la Russie, moyennant le prix de cent vingt millions par an, à partager entre les trois puissances, dans la proportion du nombre des têtes qu'ils lui fourniront.

Le ministère anglais a annoncé au parlement qu'il venait d'en passer le bail avec les hautes puissances. Quand les souverains cesseront-ils de trafiquer ainsi du sang des peuples, pour servir l'ambition d'une puissance coupable de tant d'usurpations sur toutes les parties du globe! Tant que l'Angleterre conservera cette suprématie des mers, elle préparera les révolutions, elle promènera les destins des peuples, elle sera le levier du monde entier. Cette supériorité, et ce despotisme dureront jusqu'à ce que les souverains de l'Europe aient ouvert les yeux sur leurs véritables intérêts. Ce jour n'est peut-être pas éloigné.

Déja des hordes de barbares sorties des régions du Nord, et soumises au despotisme, sont mises en mouvement pour venir répandre leurs ténèbres et leurs chaînes dans le midi de l'Europe. Leurs souverains veulent réaliser ce rêve d'un philosophe, que le nord doit un jour envahir le midi.

Ils nous menacent d'une irruption pour ravager nos fertiles campagnes, les couvrir d'ossemens, et joncher nos provinces de cadâvres ; ils nous menacent d'une irruption pour saccager, brûler nos cités, les dévaster de fond en comble, détruire nos manufactures, et tous ces monumens où sont réunis ce que le génie de l'homme a enfanté de plus parfait, nos livres, nos tableaux, nos statues, cet héritage d'autant plus précieux qu'il est le fruit des travaux et des veilles de tant d'hommes illustres du monde savant, et qui se sont succédés dans une longue suite de siècles. Ils nous menacent d'une irruption pour confondre dans une ruine générale la liberté créatrice des grands hommes, et souveraine des peuples ; en un mot, ils veulent faire de la France le repaire de leurs farouches soldats, et la laisser au milieu des décombres un objet de mépris et de pitié.

Mais la puissance de la nation française, conduite par le génie de Napoléon, va conjurer l'orage qui gronde sur nos têtes, et nous donner la paix et le bonheur.

Le tems de venger l'honneur et la gloire nationale, d'affermir pour toujours notre indépendance et de garantir nos personnes et nos propriétés, est arrivé.

Français, que l'amour de la gloire échauffe nos âmes, que l'honneur qui nous caractérise aux yeux des autres peuples les fasse trembler ; et nous sommes invincibles.

S'il existe des hommes assez vils, et dont le cœur soit assez dépravé pour desirer le déchirement de la patrie, ou pour rester indifférens dans la lutte du despotisme contre notre liberté, qu'ils soient livrés au mépris et à l'exécration publique.

Le gouvernement anglais prodigue le sang des peuples et l'or qu'il se procure par des emprunts et des impôts ruineux, pour soulever et soudoyer contre nous, les armées des puissances européennes.

Si l'Angleterre, dont l'énorme dette surpasse les revenus, fait de nouveaux sacrifices contre le vœu national, c'est parce qu'elle sait bien que la liberté enfante les sciences et les arts et fait fleurir le commerce et les manufactures, véritables sources de la prospérité publique.

A tant de préparatifs hostiles de la part des puissances alliées, à tant de proclamations menaçantes, à tant d'injures quelles ont proférées contre la nation française, l'Empereur, fort de la justice de notre cause, de notre dévouement pour sa personne, de notre amour pour l'indépendance, répond qu'il veut faire jouir la France des douceurs de la paix pour ne s'occuper désormais que du bonheur du peuple; il a déclaré à l'Europe qu'il renonçait à toute guerre offensive, à tout projet d'agrandissement, et qu'il voulait exécuter en paix le traité de Paris.

Malgré cette déclaration franche, loyale, généreuse et solennelle, les puissances alliées persistent dans leur systéme destructeur : jalouses de la pros-

périté, de la richesse, de la gloire et de la splendeur de notre patrie, feignant de méconnaître le
droit d'une nation puissante qui s'est choisi son souverain, le seul qui convienne à sa gloire et à ses
intérêts, elles ont résolu de la ravager par le fer, le
feu et le pillage; de dépouiller les acquéreurs de biens
nationaux, de rétablir les dimes, la noblesse et tous
les droits féodaux, en un mot, de faire des Français un peuple d'esclaves.

Leur résolution est aussi, s'ils peuvent triompher,
de licencier toute l'armée française, de désarmer
tous les citoyens, de faire occuper nos places fortes
par les troupes du continent, nos ports par celles de
l'Angleterre et de laisser dans l'intérieur de la France
200,000 barbares pour appesantir davantage les fers
qu'ils nous préparent.

Si nous avions le malheur de laisser triompher
les ennemis, l'esclavage le plus affreux, le plus humi-
liant, serait notre partage. Mais non : nos intrépides
guerriers n'ont pas perdu le souvenir de leurs bril-
lantes victoires : et la nation française, jalouse de sa
gloire et de son indépendance, ayant à sa tête le plus
grand capitaine du monde, ne se laissera pas asservir;
Napoléon lui prépare de nouveaux triomphes, si les
ennemis persistent à refuser la paix.

Déja des bataillons nombreux sont arrivés sur nos
frontières ; déja nos vieux soldats, retirés dans leurs
foyers, sont allés grossir nos phalanges ; déja les bataillons des grenadiers de la garde nationale en activité

ont remplacé dans les places fortes les troupes de ligne ; déja de nombreux corps francs sont en marche, et déja, enfin, tous les citoyens, organisés en garde nationale, sont prêts à repousser l'ennemi ; et si l'Empereur, constant dans son système de paix et de modération, espérant que les ennemis de la France renonceraient à leurs projets ambitieux, n'avait retenu la bouillante valeur des armées françaises, déja les ennemis auraient été rejetés au-delà du Rhin.

Cependant ne nous faisons pas illusion : les puissances alliées réunissent tous les myens qui sont en leur pouvoir dans l'espoir que, nous trouvant désunis ils pourront envahir notre territoire et le partager entr'elles comme elles ont fait de la Pologne, de la Saxe, de Gênes, de Venise et de tous les états de l'Italie : mais vaines espérances ; trois millions de Français sont armés pour faire triompher la liberté.

Sans doute nos armées de ligne suffiraient pour les repousser ; mais pour rendre la victoire plus prompte, plus certaine, plus complète, plus décisive, et pour épargner l'effusion de sang, il faut que la France ne soit qu'un camp, que chaque ville, chaque bourg, chaque village, chaque hameau soit une forteresse ; il faut que, dans chaque lieu, il y ait un dépôt de citoyens armés, comme en cantonnemens, et prêts à se réunir en corps d'armée au premier signal ; il faut qu'à chaque pas, l'ennemi trouve des redoutes, des retranchemens défendus par de nombreuses armées de citoyens soldats.

C'est de l'union du peuple dont la cause ne peut être séparée de celle du héros que nous nous sommes choisi, que dépend le salut de la patrie, le bonheur de tous et de chacun en particulier; c'est dans cette union que réside la paix. Nos ennemis appellent aux armes les peuples qu'ils gouvernent en despotes; et, pour les encourager, ils leur promettent le pillage et le partage de nos biens. Ils repoussent la main du héros qui leur présente l'olivier; ils veulent la guerre, tremper encore la terre de sang et la joncher de morts.

C'est ici la conspiration des rois pour frapper et détruire notre liberté, de crainte qu'elle n'arrive jusqu'à leurs sujets, mais elle est dans tous les cœurs; et ceux qu'ils arment aujourd'hui contre nous, combattront un jour pour la conquête de l'indépendance qu'ils s'efforcent en vain de nous ravir, et ce jour est peut-être plus près qu'ils ne pensent.

Ils veulent la guerre : eh bien ! puisqu'ils nous y forcent, préparons-nous aux combats.

Qu'il n'y ait qu'un cri dans toute la France : aux armes ! aux armes! et ce cri parti de tous les cœurs arrivera jusqu'aux oreilles des souverains coalisés, qui apprendront mais trop tard que la liberté, le premier germe de la vertu, fait un héros de chaque citoyen.

Aux grands maux de grands remèdes. Puisqu'on veut nous forcer à la guerre levons-nous en masse, et que tous les Français armés présentent aux ennemis une barrière contre laquelle viendront se briser leurs efforts impuissans.

Cependant, cette levée, organisée déja dans tontes les communes par compagnies et bataillons de garde nationale urbaine, doit être calculée de manière à n'entraîner ni confusion, ni désordre; il faut la préparer à l'avance et dans le calme; il faut prévoir tout afin d'être prêts à marcher dans le plus grand ordre quand la trompette guerrière annoncera le jour du combat.

Forts de la justice de notre cause, de notre valeur, de notre nombre, de notre union, nous triompherons sans danger.

Le peuple qui combat pour son indépendance est invincible.

Mais le tems presse; préparons nos armes : que les habitans de chaque commune s'organisent en compagnies; que sur tous les points on n'entende que le bruit des armes; que chaque arrondissement de juge de paix de toutes les parties de la France compte son bataillon prêt à composer dans chaque lieu de sous-préfecture, une division qui se réunira au premier ordre des autorités dans chaque chef-lieu de département en un corps d'armée sous les ordres des officiers de tous les grades que le gouvernement aura désigné.

Les armées des citoyens de six départemens les plus près de chacune de nos armées de ligne, devraient opposer un corps de 150,000 hommes qui se mettraient en marche au premier signal, pour aller se placer en réserve dans deux camps, l'un à la droite, l'autre à la gauche de l'armée de ligne. Leur seule présence doublera, triplera la force de nos armées et jettera la consternation parmi nos ennemis.

Gardons-nous d'attendre dans chaque département l'ennemi pour le combattre; gardons-nous de nous isoler : c'est de la réunion des armées de citoyens par six départemens limitrophes et les plus près de chaque armée de ligne que dépend le triomphe de la France ; les hommes isolés sont comme les ressorts épars d'une pompe à feu , ce n'est que leur réunion et leur accord qui donnent à la machine le mouvement et la force nécessaire.

Cependant il faut assurer la subsistance de tant d'armées avant qu'elles ne se mettent en marche ; que toutes les communes placées depuis les frontières jusqu'à trente lieues dans l'intérieur de la France préparent pour trente jours des vivres pour le dixième de leur population, destinée à aller soutenir nos phalanges guerrières ; au premier pas que l'ennemi oserait faire sur notre territoire. Ces vivres qui consisteraient en farine, légumes secs , ris, viande salée et eau-de-vie , seraient réunis par les soins du maire de chaque commune dans un magasin du chef-lieu d'arrondissement de juge de paix des campagnes où se formera le bataillon d'arrondissement , et que les voitures pour leur transport soient toujours prêtes à être chargées au premier ordre ; que le gouvernement rende responsable chaque maire de l'exécution de cette mesure : elle est indispensable, car sans elle, comment pourvoirait-on à la subsistance de tant de citoyens armés ,

sans violer les propriétés et sans commettre des dé-
sordres partout ou passeraient ces armées? En un mot,
que tout soit disposé de manière que chaque armée
départementale n'ait aucune inquiétude pour ses vivres. En attendant ces préparatifs, que chaque citoyen
devant faire partie de l'armée prépare ses armes: les
fusils de chasse remplaceront ceux de munition aux-
quels il faut faire adapter des baïonnettes. Que tous
les armuriers, serruriers, mécaniciens de chaque
commune ne s'occupent désormais qu'à en fabriquer
ou réparer.

Que chaque maire s'assure qu'il y a dans sa commune assez de fusils pour armer le dixième de la
population; et s'il en manquait, que des piques ou des
faulx les remplacent.

Que ceux qui ne marcheront pas, que les riches,
que tous les citoyens en un mot soient invités, dans
chaque commune, à porter sur l'autel de la patrie
leurs offrandes patriotiques pour aider à préparer
les vivres et les moyens de leurs transports, pour
nourrir ceux de leurs concitoyens qui iront au-
devant de l'ennemi, et qu'enfin une juste répartition
supplée à ce qui pourrait manquer; il n'y aurait que
des ennemis de la patrie qui pussent se refuser à ce
généreux effort, à ce léger sacrifice, qui doit garantir
nos propriétés, notre indépendance et assurer la
paix, la gloire et le triomphe de la France.

Que le dixième de la population soit armé et
se prépare à marcher dans l'ordre que nous venons

de désigner, ayant des vivres pour trente jours, et les ennemis qui nous menacent, remplis d'effroi, reculeront épouvantés, chercheront leur salut dans la fuite ou mettront bas les armes : trop heureux d'obtenir la vie d'un vainqueur généreux.

Pendant que tous ces préparatifs vont se faire, qu'à chaque lieue de distance depuis les frontières jusqu'à trente lieues dans l'intérieur, on élève des redoutes, des retranchemens sur toutes les routes, dans tous les défilés où l'on jugera que l'ennemi pourrait passer, afin que s'il venait à pénétrer, il trouve la mort à chaque pas.

Aux armes! fédérés, aux armes! hâtez-vous de vous former en bataillons prêts à marcher pour aller soutenir l'armée de ligne et les bataillons de gardes nationales en activité, si les ennemis osent mettre le pied sur le territoire français, et dans trente jours ils accepteront la paix que l'Empereur leur présente.

C'est par de telles mesures, avec de l'union, le calme et quelques sacrifices, que la guerre, allumée avec fureur par l'injustice, l'ambition et la vengeance de l'Angleterre et des rois ennemis de notre gloire et de notre indépendance, fera place à une paix de longue durée; car il n'y a de paix solide que celle qui est appuyée sur la force, la volonté et la puissance d'une nation.

Si nous avons à défendre notre indépendance et notre honneur, nos vies, nos biens, combien n'au-ons-nous pas aussi à venger d'attentats commis envers la nation, combien de violations de tous les principes de justice et du droit des peuples de la part des souverains coalisés ! Un jour ils auront à rendre compte de l'outrage fait au Turenne moderne, à l'illustre prince dont la France s'honnore et que l'Europe admire, et à cet auguste enfant, l'espérance des Français, ainsi qu'à la fille des Césars qui lui donna le jour : ils appartiennent à la France qui ne les reclamera pas envain. De tels forfaits, inconnus dans les siècles les plus reculés et chez les peuples les plus barbares, ne resteront pas impunis ; et le sang que vont faire couler l'Angleterre et les rois dont elle achète les armées, rejaillira sur leur tête.

Souverains de la terre qui avez, ébranlé vos peuples contre nous, sachez que la France a trois millions d'hommes armés et organisés en autant d'armées que de départemens ; songez qu'une nation aussi populeuse, aussi guerrière, aussi jalouse de son indépendance, aussi féconde en ressource, est invincible. Acceptez la paix que Napoléon vous présente au nom du peuple Français, ou craignez que la liberté que vous voudriez, mais envain, étouffer en France, ne triomphe dans peu dans vos propres états ; c'est toujours pendant la guerre qu'elle étend son empire sur la terre.

www.ingramcontent.com/pod-product-compliance
Lightning Source LLC
LaVergne TN
LVHW021601170726
843501LV00010B/3821